Der Phönix in mir

Lyrik – Traumata

Neuauflage
Bibliografische Informationen der Nationalbibliothek:
Die Deutsche Nationalbibliothek verzeichnet diese Publikation
in der deutschen Nationalbibliografie; detaillierte bibliografische
Daten sind im Internet über http://dnb.dnb.de abrufbar.

Herstellung und Verlag: BoD – Books on Demand, Norderstedt

ISBN: 978-3-75437-360-6

Dieses Buch ist für all jene,
die mit sich und den Folgen der Traumata
kämpfen, sowie jene, die Betroffene
unterstützen und begleiten!

In tiefer Dankbarkeit gegenüber meiner Familie und
meinen Freunden – ihr seid unverzichtbar!

bergen photography

Fotos und Bildgestaltung by Tobias Bergen von
bergen photography

PROLOG

Du fragst dich sicher, warum sollte es der Phönix sein?
Was hat er mit den Traumata und dessen Folgen gemein?

Ich sage dir, so vieles, denn die Traumata an sich
Wär'n kaum zu überwinden, gäb's den Phönix in mir nicht
Zu oft saß ich in Asche, nachdem ich völlig verbrannt
Und ohne Perspektive, ohne Hoffnung schien verbannt
Ein jedes Mal, wenn mich der Schmerz im Inneren zerstört
Steht auf in mir der Phönix, der den Hilferuf
gehört

Durch ihn find ich den Mut, die Stärke, wieder aufzustehen
Das Feuer der Zerstörung als Kraftelement zu sehen

So steht für mich der Phönix im Verbund mit Traumata
Und täglich stellen sie beide eindrucksvoll mein Leben dar
Vielleicht steckt auch in dir ein lang verkannter Phönix drin
So lass ihn auferstehen, gib der Asche einen Sinn

Das Fenster

Die Regentropfen fließen
An dem Fensterglas vor ihr
Unfähig, sie zu zählen
Sitzt sie ganz alleine hier
Das Tageslicht gedämpft
Die Welt erscheint in kaltem Grau
Das Spiegelbild im Fenster
Zeigt die Tränen einer Frau
Wie Flüsse auf den Wangen
Bahnen sich den Weg ins Herz
Sie drücken aus den tiefen
Unerträglich scheinenden Schmerz
Ihr Atem legt sich nieder
Bildet Nebel an der Scheib´
Ihr Finger gleitet sacht hindurch
Und malt zum Zeitvertreib
Das Tor zur Welt geschlossen
Undurchsichtig scheint das Glas
Es spiegelt ihre Seele
Welche sie zu lang vergaß
Denn ungehört im Innern
Leis´, wie Regentropfen schier
Fleht die verletzte Seele
Um Beachtung stets in ihr
So hofft sie, dass die Sonne
Bald das kühle Nass vertreibt
Und trocknet ihre Tränen
So den Neuanfang beschreibt

Urvertrauen und Schuld

Menschen, denen ich vertraute
Haben mich zerstört
Ich habe wohl einmal zu viel
Aufs Urvertrauen gehört

Doch ist es daher meine Schuld
Hätt´ ich´s verhindern können
Der Kopf sagt laut und deutlich NEIN
Ergäb´s doch keinen Sinn

Was wäre, wenn das Urvertrauen
Schuldenträger wär´
Die Schuldenbrille trag ich
Sicher nicht von ungefähr

Denn immer wieder höre ich
„Ach hättest du bloß nicht"
In Wahrheit ist es Selbstzweifel
Der leise aus mir spricht

Egal, wie oft ich denke
„All das wäre nicht passiert"
Das, was geschehen ist
Wird niemals aus dem Leben radiert

Mein Urvertrauen geschrumpft
Zu viele Narben zeigen mir
Vertraue ich den falschen
Wiederholt sich all das schier

Gefüttert von der Angst
Gezeichnet durch enormes Leid
So bin ich, zu vertrauen aufs Neue
Längst noch nicht bereit

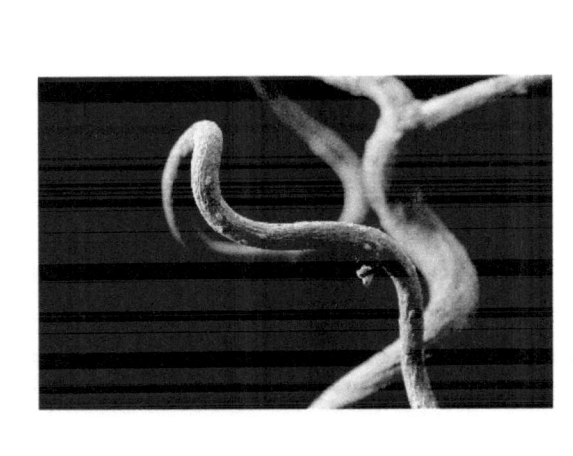

Löcher in der Wand

Ich starre Löcher in die Wand
Als blickte ich hindurch
Die Augen leer, die Haut ganz weiß
Im Angesicht der Furcht
Was mag die Zukunft bringen
Find ich neuen Lebensmut
Die Angst in mir wird abgelöst
Von aufsteigender Wut
Ich wart´ nun schon so lange
Auf den schwierigen Prozess
Der mir so vieles abverlangen
Doch heilen wird indes
Die Farbe meiner Haut verändert
Sich von weiß zu rot
Das Blut in meinen Adern
Scheinbar hochzukochen droht
Wann gibt es die Entscheidung
Wann werd´ ich endlich gesehen
Wann finde ich Gerechtigkeit
Für das, was mir geschehen
Die Löcher in der Wand
Sie zeigen nichts von alledem
Und dennoch starr´ ich weiter
Ohne irgendwas zu sehen
Gedanken kreisen, Hoffnung
Angst und Wut sind Teil von mir
Ich bete, dass ich mich
In diesem Zustand nicht verlier´

Teil des Himmels

Wie Zuckerwatte bauschen sich die Wölkchen über mir
Der Himmel rundherum ist klar, die Sonne scheint zur
Zier
Ich liege unter Ästen
Richte meinen Blick hinauf
Das, was sich mir hier bietet
Ist ein bunter Farbverlauf
Das Blau und Weiß des Himmels
Und der Blätter glänzend Grün
Vereinen sich mit zarten Blüten
Die dazwischen blüh´n
Und immer wieder setzt
Ein kleines Vöglein sich dazu
Es zwitschert mir ein Liedchen
Und fliegt weiter, wie im Nu
Für einige Momente bin ich nicht auf dieser Welt
Ich fühle mich so frei, als sei ich Teil vom Himmelszelt
Der Wind in meinen Ohren
Und die Sonne im Gesicht
Die Arme sind gespreizt und so
Flieg ich entgegen dem Licht
Wenn nicht der Blick von unten
In das strahlend helle Blau
Sondern von dort hier runter
Wär es schattig, dunkel, grau
So bleib ich lieber hier, betrachte alles von der Erd´
Wohl wissend, dass ich eines Tages Teil des Ganzen werd´

Kraftlos

Ein jeder, der mich kennt
Sieht stets das große Kämpferherz
Das Schwierigkeiten wandelt in
Ein Licht des Feuerwerks

Ja, jeder weiß, ich geb´ nie auf
Kämpf´ ohne Unterlass
Ich presche vor und wirke
Wie ein Riesenpulverfass

Für dich, für mich, für alle
Ganz egal, woher die Kraft
Mit unbändiger Stärke
Hab´ ich vieles schon geschafft

Doch heut scheint alles anders
Denn ich fühle mich so leer
Die Kraft, wohl aufgebraucht, und nun?
Ich fürchte mich so sehr

Mit einem Schlag bin ich am Boden
Ausgelaugt, erschöpft
Als hätte man den Kämfergeist
Mit einem Schwert geköpft

Ich habe große Angst, denn
Vieles steht mir noch bevor
Ich weiß nicht, ob ich´s schaffe
Stark zu sein, so wie zuvor

Wie soll ich es benennen
Finde schlicht kein Wort dafür
Die Angst wird immer größer
Etwas ist kaputt in mir

Ich ziehe mich zurück, such
Neuerdings den leichten Rausch
Durch welchen wird´s erträglicher
Wenn ich der Seele lausch

Ist dieses nun der Wendepunkt
An dem ich nicht mehr kann
An dem ich werde zum Gespött
Für mich und jedermann

Wo Aufgeben nie in Frage kam
Weiß ich heut´ keinen Rat
Mein Inneres ist abgekämpft
Marode, desolat

So sitz´ ich hier, verstecke
Was ich fühle, was ich denk
Der Kraftverlust in Gänze
zieht mich runter, schier dolent

Selbstbestimmt

Mein Leben führ ich selbstbestimmt
Das rede ich mir ein
Denn selbstbestimmtes Handeln
Sollte selbstverständlich sein
Entscheiden, was ich tue
Was ich will, was werden soll
Entscheiden, ob das Glas vor mir
Halb leer, oder halb voll
Reales Leben ist für mich
Jedoch nicht selbstbestimmt
Zu groß ist jene Rolle
Die die Krankheit schier einnimmt
An manchen Tagen sagt sie mir
Wie weit ich laufen kann
An anderen zieht sie mich
In den depressiven Bann
So sehr ich selbstbestimmen mag
Ich schaff es oftmals nicht
So seh ich den Gegebenheiten
Traurig ins Gesicht
Zu akzeptieren, dass ich nicht
Wie andere leben kann
Ist nach wie vor schwer greifbar
Wohl für mich und jedermann

In Summe

So sehe ich in Summe
Was ich hinter mich gebracht
Dass ich so vieles schaffe
Hätt ich wahrlich nicht gedacht

Doch immer wieder sauge ich
Die Stärke in mich auf
Und immer wieder nimmt der
Schwere Leidensweg seinen Lauf
Gefühlt nimmt er kein Ende
Richtungswechsel, neuer Weg
In den ich abermals die Hoffnung
Des Erreichens leg
Erreichen jenes Zieles
Welches mir die Steine nimmt
Die mir mein Herz erschweren
Das für Schönes beinah blind
Am Tage X werd ich gar stolz
An jener Linie steh´n
Mit Lobgesang fortan die
Schmerzbefreiten Wege gehen

Und wieder steht in Summe
Was ich hinter mich gebracht
Doch schier an diesem Tage
Bin ich frei und mein Herz lacht

Griechischer Traum

Es war, als wäre es ein Traum
Unfassbar, wunderschön
Die beiden Farben, blau und weiß
Hauptsächlich war´n zu sehen
Das Blau beschrieb ein klares Meer
Sanft unterm Himmelszelt
So rein, dass ich erahnen konnt´
Die Unterwasserwelt

Mit sachten Wellen rauschte es
Ein Wohl für meine Ohren
Sie brachen sich am Ufer
Der Moment, wie eingefroren
Der feine Sand, die kleinen Steine
Unter mir ganz heiß
Ich wandte meinen Blick und sah
Ins reine, strahlend Weiß

Dies türmte sich am Berge
Zeigte malerisch den Ort
In dem die Menschen lachten
Fröhlich schienen, immerfort
Unzählige der Gassen, welche
Bunt behangen sind
Mit herrlich duftend Blumen
Welche wogen sich im Wind

Der Blick zurück aufs Meer
Die Boote lagen in der Bucht
Sie spiegelten die Freiheit
Welche ich lang hab gesucht

Ich dachte, dass ich träumte
Zwickte mir kurz in den Arm
Bemerkte, es war wirklich und
Genoss der Griechen Charme

Und so, wie dieser Urlaub
War´n schon viele, werden´s mehr
Die traumhaften Erinnerungen
Geb ich nie mehr her

Wir Gleichgesinnte

Egal, wie schwer das Leben scheint
Ganz gleich, was auch passiert
Die Kraft, die uns am Leben hält
Ist tief in uns fundiert
Auch wenn das Schicksal um sich schlägt
Uns bombardiert mit Leid
So sind wir niemals, keiner Zeit
Zum Aufgeben bereit
Was uns verbindet, ist die Stärke
Die uns täglich trägt
Die unerbittlich, permanent
Gerechtigkeit erwägt
Die Wege, die wir gehen
Sind mit Steinen übersät
Doch jeder Stein ein wenig
Unserer Wahrheit schier verrät
Wir werden eines Tages
Für die Kämpfe reich belohnt
Wenn jede/r von uns ernstgenommen
Über Unrecht thront
Wir dürfen nur nicht aufhören
Stets im Blick das große Glück
Wir kehren eines Tages
Ins normale Leben zurück
Bis dahin seid euch sicher
Niemand ist jemals allein
Die Kraft, die uns verbindet
Wird an eurer Seite sein

Realität

Was heißt denn schon – Realität
Was stimmt und was stimmt nicht
Wo finde ich die Wahrheit
Eher im Schatten oder Licht
Was ist Fiktion, was schleierhaft
Wann sind die Zweifel wahr
Real oder paranormal
So oft untrennbar nah
      Ob Träume oder Wachzustand
      Ich weiß es selber nicht
      In meinem Spiegel sehe ich
      Ein fragendes Gesicht
      Wer gibt mir Antwort, sagt mir
      Was ist Wirklichkeit, was Traum
      Ich gebe dem Bewusstsein dessen
      Unsagbaren Raum
Wie ich mich sehe, was ich fühle
Was ich spür in mir
Führt oft unweigerlich dazu
Dass ich mich selbst verlier
Die Wahrheit unverkennbar, doch
Zumeist gar nicht gewollt
Denn mit ihr die Lawine
Der Bewältigung anrollt
      So führen wir ein Leben
      In Fiktion und animiert
      Und heucheln jene Wahrheit
      Die im Geiste arrangiert

Abstrus und individuell
Zeigt sich Realität
Sie liegt in jedem selbst
Und in der wahren Identität

Gutmomente Glück

Was ist das größte Glück der Welt, wann ist ein Lächeln echt
Wo sind wir auch im Herzen froh, inmitten des Geflechts

Aus Politik und Wahnsinn, Egoismus, Arroganz
Wo jeder der Gesellschaft folgt, nach jenen Nasen tanzt

Wo niemand nach dem anderen sieht, nur eigenen Hunger stillt
Anstatt zu teilen, jeder seine eigenen Taschen füllt

Wann fängt dies an, wo liegt der Grund, als Kind war´s anders schier
„Der Ernst des Lebens" – so genannt, den Weg ebnete mir

Was früher selbstverständlich, heut im Vorurteil besteht
Die Meinung der Gesellschaft oftmals über allem steht

Dabei bleibt doch die Frage nach dem wahren, großen Glück
Und so erheb ich selbstbestimmt und offen meinen Blick

Für mich ist Glück im Leben jeder kleinste Gutmoment
Und jeder wird zu dem, was man Erinnerungen nennt

So viele durft´ ich sammeln schon, bis hin zum heut 'gen
Tag
So viele und noch mehr ich wohl mit anderen teilen mag
Fernab von all den Menschen, welche sich nur selber sehen
Sie mögen weiter ihre fremdbestimmten Wege gehen

Ich sehe Glück da draußen, in der Vielfalt, in der Welt
Und lass nicht zu, dass meine Vorstellung vom Glück
zerfällt

Angst am Abend

Ich hörte gestern Abend ein Klackern
Draußen, hinterm Haus, recht laut
Ich spürte, wie die Angst sich in mir
Mehr und mehr hat aufgebaut
Wer mag dort sein, was geht da vor
Im Dunkeln seh ich nichts
Ich bild mir ein, ich sehe Schatten
Dank des Mondes Lichts
Ganz rasch kehr ich ins Haus zurück
Verschließe alle Türen
Die Ungewissheit riesengroß
Ich kann meinen Herzschlag spüren
Kein Blick mehr wage ich hinaus
Ich geh herauf zum Kind
So friedlich schläfts in seinem Bett
Ich schließ die Tür geschwind
So lege ich mich hin und zieh
Die Decke bis zum Ohr
Die Augen bleiben wachsam
Und der Puls steigt mir empor
Mein Hund im Körbchen neben mir
Schnauft sachte ein und aus
Sie würde es bemerken, wär
Ein Fremder hier im Haus
Ein letzter Blick zur Tür
Dann schalte ich die Musik an
Ich höre Phantasiereisen
Damit ich schlafen kann

Warum ich schreibe

Warum schreib ich Gedichte

Warum nicht die Memorien

In denen ich könnt schildern

Detailliert aus all den Jahren

Was Leib und Seel´ erlitten

Welchen Schmerz und welche Qual

In Worten schwer zu nennen

Hier brauchts eine gute Wahl

Gedichte klingen mystisch

Beinah friedvoll, jeder Reim

Lässt Buchstaben melodisch klingen

Kein Wort steht allein

Gedanken, welche böse, bodenlos

Nicht ethisch sind

Sie werden gesellschaftsfähig

Drücken aus, was ich empfind

Doch eben ohne Arglist, frei

Von jeglicher Gewalt

Gedichte sagen vieles, doch

In anderer Gestalt

Für mich bedeutet schreiben

Dass ich lerne, umzugehen

Mit all den furchtbar 'n Dingen

Welche eben sind geschehen

Verarbeitung ist alles

Jeder findet seinen Weg

Ich habe meinen gefunden

Schreiben ist mein Privileg

Sonne

Die Sonne strahlt vom Himmel
Funkelnd wie ein Diamant
Ich nehme, um zu sehen
Vor die Stirn die rechte Hand
Und völlig automatisch
Bahnt ein Lächeln im Gesicht
Sich an und strahlt noch heller
Als das klare Sonnenlicht
Die Augen zusammengezogen
Fältchen, wie ein Schmetterling
Und um den Mund herum die
Grübchen bilden einen Ring
Die Wärme auf der Haut ist
Nicht zu sehen, doch zu spüren
Und schon öffnen die Hautpor´n sich
Wie tausend kleine Türen
So nehmen wir die Energie
Das Strahlen in uns auf
Die Sonne, so behaglich und
So wohltuend zuhauf
Gemüter werden weicher
Werden fröhlich, friedvoll, still
Das ist es, was mein Herz
An grauen Tagen fühlen will
Die Sonne schenkt uns Leben
Schenkt uns Wohlbefinden pur
Ach, würd ich sie doch sehen
Jeden Tag die Sonne nur

Alkohol

Die Worte aufzuschreiben
Die jetzt folgen, fällt mir schwer
Ich kann es selbst nicht glauben
Und ich schäme mich so sehr
Die Leere, die ich spüre
Dieser Druck in meinem Kopf
Ich suche ihn verzweifelt
Den „Gedankenausschaltknopf"
Denn alles in mir schmerzt, das Blut
Es rast durch mich hindurch
Ich kann sie kaum noch bändigen
Die Angst, die elend Furcht
All das will ich nicht fühlen
Überfordert mit dem Leid
So stelle ich zum Kaffee
Alkoholisches bereit
Bis jetzt noch kontrollierbar
Doch ich spüre diesen Druck
Wann immer es zu viel wird
Gönne ich mir einen Schluck
Versteckt im Heißgetränk
Im Glauben, niemand wird es sehen
Was ist aus mir geworden
Kann es selbst nicht mehr verstehen
Betäubt sind die Gedanken
Nur noch flüchtig jedes Bild
Der Alkohol verschleiert
Meine Augen wie ein Schild

Ich weiß, der Weg ist falsch und
Ich will diesen gar nicht gehen
Im Alkohol, dort kann und will ich
Einfach nicht bestehen
So mach ich mir Gedanken
Neue Angst in mir entfacht
Dass ich an diesem Punkt einst stehe
Hätt ich nie gedacht
Ich nehm die letzte Kraftreserve
Kämpf dagegen an
Im Innern weiß ich ganz genau
Dass ich auch ohne kann
Ich will und werde nicht verfallen
In die elend Sucht
Egal, wie sehr das Schicksal mich
Und mein Dasein verflucht
Ich gehe offen damit um
So schwer es mir auch fällt
Ein klarer Kopf, der Blick nach vorn
Ist das, was wirklich zählt
Die Menschen, die mich lieben
Sollen mich niemals süchtig sehen
Ich werde darum kämpfen
Dieser Sucht zu widerstehen

Mein sicherer Ort

Es ist noch früh am Morgen
Wieder sitz ich vor der Tür
Genieß die ersten Sonnenstrahlen
Die ich wärmend spür
Ich blicke in die Bäume
Jedes Blatt sich sachte wiegt
Das satte Grün vorm blauen Himmel
Scheinbar überwiegt

Inmitten ihrer Kronen tummeln
Vöglein sich zuhauf
Ob Spatzen oder Blaumeisen
Ein bunter Farbverlauf
Sie zwitschern und erzählen
Wie´s von oben aussehen mag
So fröhlich sie agieren
Wird es wohl ein guter Tag

Ganz tief atme ich in den Bauch
Versuche es zu fühlen
Mit jedem Atemzug will ich
Die Ängste aus mir spülen
Der sanfte Wind, der mich berührt
Trägt alles Böse fort
Und so wird´s hier, vor meiner Tür
Zu einem sicheren Ort

Was habe ich für großes Glück
Hier kann ich täglich sein
Nicht immer, aber heute
Lasse ich mich darauf ein
Umgeben von der Schönheit

Dieser wundervollen Natur
So sitz ich noch ein Weilchen
Halte inne, atme nur

Küstenstrich

Unendlich, kraftvoll, klar und rein
Das Meer, es ruht in sich

Zu großen Teilen unerforscht
Beginnt am Küstenstrich

Das kühle Nass, auch Blau genannt
Für viele Urlaubsort

Trägt Schiffe, groß und klein und
Auch Gedanken weit hinfort

Beruhigend klingen sanfte Wellen
Der Rausch des Meeres heilt

Darum beinahe jeder gern
Am Küstenstrich verweilt

Den leichten Salzgeruch wir
Tief und tiefer atmen ein

Und können uns ein wenig
Von Alltäglichem befreien

Für mich ist jener Küstenstrich
Die Grenze meiner Welt

An der sich tief im Inneren
Ein Wohlgefühl einstellt

Hier kann ich träumen, fernab
Von dem Stress und all dem Lärm

Gedanken, Sorgen treiben
Mit den Wellen in die Fern´

Das Meer ist unberechenbar
Es fasziniert mich schier

Die Weisheit und den Ursprung
Allen Lebens sehe ich hier

Am Küstenstrich fühl ich mich wohl
Hier bin ich ganz bei mir

Mit Freiheit, ohne Schmerz und Leid
Ich ihn assoziier´

Schützende Leere

Wo bin ich, was ist mir geschehen
Warum fühl ich mich so
Warum ist nur mein Körper hier
Mein Kopf ganz anderswo
Warum füllt mich die Leere
Warum kann ich gar nichts spüren
Warum hab ich den Glauben
Mich im Nirgends zu verlieren
Wer immer mich umgibt, ich hör
Und sehe einfach nichts
Ich fühl mich so alleine

In des düsteren Angesichts
Die Tränen wollen fließen
Ganze Seen wär´n zu füllen
Doch meine müden Augen sich
In Trockenheit schier hüllen
Mein Kopf sehnt sich nach Pause
Doch wovon, da ist nichts mehr
Die Sinne überflüssig, denn
In Gänze bin ich leer
Die Hände wollen kneifen
Wollen zurückholen mich ins Jetzt
Doch würde ich dort ankommen
Wäre ich zu sehr verletzt
Die Leere hüllt mich schützend

Weist Gefühle ganz weit fort
Nur so bleiben die Schmerzen
Gut versteckt am sicheren Ort
Die Leere wird zum Anker
Hält mich fest am Boden schier
Bevor ich mich in endlos
Scheinenden Gefühlen verlier

Am Strand

Mit geschlossenen Augen lieg
ich hier am weißen Strand
Das Einzige was ich beweg
Ist meine rechte Hand

Ich fühle mich befreit
Beinahe wie ein kleines Kind
Das neben mir sitzt und spielt
Der Sand durch seine Finger rinnt

Die Wärme jedes Sandkorns
Dabei heilend auf der Haut
Im Hintergrund das Meer, es rauscht
Die Wellen herrlich laut

Die unglaubliche Reinheit
Diese Kraft, dieses Gefühl
Wenn ich dank jeder Welle
Die Gedanken hinfortspül'

Durch jede Windung meines Kopfes
Fließt das kühle Nass
Dämonen werden aufs Meer getragen
Ohne Unterlass

Der Wind, mit seinem salz 'gen Duft
Tut seines noch dazu

Er weht das Böse weiter fort
Kaum sichtbar mehr, im Nu

Die Sonne, die am blauen Himmel
Strahlt und fröhlich lacht
Sie wärmt mein Herz und in mir
Neue Kräfte sind entfacht

So lieg ich mit geschlossenen Augen
Dankbar hier am Strand
Noch immer rinnt der warme Sand
Durch meine rechte Hand

Ich weiß, dass die Natur mir
All die Stärke geben mag
Die ich nun mal benötige
An jedem grauen Tag

Wenn ich die Augen schließe
Denk ich mich hierher zurück
Denn hier fühl ich die Freiheit
Die ich brauch zu meinem Glück

Rückenschmerz

Die Schmerzen, die mich töricht quälen
Wollen schlicht nicht gehen
Sie zeigen sich als Teil von mir und
Jeder kann sie sehen
Die Narben und die kleinen Beulen
Rückseits und am Bauch
Sie zeugen von den drei OPs
Die ich durchstehen musst' auch
Es drückt, es kneift und sticht
Als wär das alles viel zu viel
Die Schrauben, Stangen und Sensoren
Spielen ihr eigenes Spiel
Es fühlt sich an, als kämpfen sie
Um jedes bisschen Platz
Wie große, starke Fäuste oder
Eher, wie Hund und Katz'
Es scheint egal, was ich auch tu
Der Schmerz, er bleibt bestehen
Und so könnt ich an manchen Tagen
An die Decke gehen
Die Medis, die ich nehme
Unter anderem Morphin
Sie sollen der Reduktion der
Schmerzen unterstützend dienen
Doch manchmal frag ich mich
Im Ernst, ob ich nur Bonbons schluck
Nicht wirklich kann ich kontrollieren
Den Schmerz und elend Druck

Ich hasse jene dafür, was sie haben
Mit mir gemacht
Denn die Versteifung hat den Zustand
Erst so schlimm gemacht
Und leider gibt es kein Zurück
Mein Rücken ist versaut
Mit dieser ersten Operation
Wurd mir mein Leben verbaut
Seit dem Moment, als ich aus
Der Narkose aufgewacht
Begann ein Leben, an das ich hätt"
Im Traume nie gedacht
Neben all dem psychisch' Leid
Das ich an jedem Tag erleb
Macht's mir mein Rücken nur noch schwerer
Hoffnung, sie vergeht
Nie wieder werd ich Stunden tanzen
Weite Wege gehen
Denn völlig gleich, was ich auch tu
Die Schmerzen bleiben bestehen

Wunder

Mitten in der Nacht, ich lieg im Bett und wälze mich
Die Position, ganz ohne Schmerz, ich find sie einfach nicht
So sehr ich es versuche, meinen Körper zu entspann'
Es klappt nicht und der Schmerz wird schier erneut zu
meinem Tyrann
Grad zwei schlägt meine Uhr und ich verzweifle' Stück um
Stück
Ich wünsche mir doch nur ein bisschen Schmerzfreiheit
zurück
Verantwortlich für diesen Zustand bin ich sicher nicht
Ein Unfall und die Ärzte brachen mich, unweigerlich
Was gäbe ich dafür, könnt' ich noch einmal zu dem Tag
Zurückkehren, an welchen ich nur schmerzlich denken
mag
Ich wurde ungefragt versteift, von da an war's vorbei
Mein Rücken heilt bis heute nicht, die pure Quälerei
Tabletten und ein Schmerzschrittmacher, beinahe nur zur
Zier
Ich weiß nicht, was ich noch tun soll und was ich noch
verlier
Die Lebensqualität ist längst nicht mehr, was sie einst war
Denn neben meinen Traumata sind Schmerzen immer da
Es geht kein Tag ins Land, an dem ich ohne diese leb'
Die Schuld daran, im Inneren ich mir oft selber geb'

Wie konnt' ich denen vertrauen, die mich nicht mal
aufgeklärt
Zu diesem Eingriff hatte ich mich nicht bereit erklärt
Mit Schrauben und Stangen aufgewacht, war nichts mehr,
wie zuvor
Seit diesem Tage blicke ich zum Himmel hoch empor

Die Sterne bahnen mir den Weg, die Zukunft steht schon
fest
Ein niemand kann auf ewig leiden, was mich hoffen lässt

Die Medizin bringt täglich neue Wunder zum Vorschein
Bestimmt ist eines Tages auch ein kleines Wunder mein

Pause

Kaum geh ich einen Schritt nach vorn
Zieht etwas mich zurück
Ich kann noch nicht klar sagen
Ist es Hemmung oder Glück

Die Traumatherapie bedeutet
Harte Arbeit schier
Und niemand kann sich vorstellen
Was sie macht, ganz tief in mir

Wenn jede Expo so real
Als wär's in dem Moment
Und jedes einzelne Gefühl
Mich wahrlich überrennt

Unfassbar, was die Seele und
Der Körper leisten könn'
Wenn's mich zurück zieht heißt es
Ich muss mir 'ne Pause gönn'

Da ist bestimmt ein Engel
Der mich schlicht beschützen will
Der mir die Grenzen aufzeigt
Mal ganz leis, mal mit Gebrüll

Ich spür die Überforderung
Mein Geist ist wie betäubt
Mein Körper sich mit Schmerzen
Gegen all das Leiden sträubt

So scheint es wirklich Glück zu sein
Bevor ich nicht mehr kann
Zieht etwas mich zurück und ich
Komm nicht weiter voran

Ich muss erst wieder neue Kraft
In schönen Dingen finden
Bevor ich wieder vorwärts geh'
All das zu überwinden

Gummiboot

Mein Leben ist ein Gummiboot
Auf offener, rauer See
Ich treibe sacht entgegen
Meinem großen Ziel in Spee
Mein Gummiboot, nur halb gefüllt
Mit essentieller Luft
Hier sitze ich im Schneidersitz
Umgeben von Meeresduft
Der lange Weg bis hierher
Hat schier Spuren hinterlassen
So hat das Ventil meines Bootes
Luft entweichen lassen
Gefahren lauern überall
Im Himmel und im Meer
Ein Biss von oben oder unten
Und mein Boot ist leer
Ein Paddel halt ich in der Hand
Es steht für meinen Mut
Ich schieb mich damit langsam vor
Und trotze Wellen und Flut
Das Ufer ist noch nicht in Sicht
Und dennoch kann ich´s sehen
Die Hoffnung auf ein freies Leben
Kann mir niemand nehmen

Kein guter Frühlingstag

Die Temperaturen steigen
Doch mir ist so bitterkalt

Die Müdigkeit in meinen Augen
Heut werd ich nicht alt

Mal wieder schlecht geträumt
Gefangen in Vergangenheit

Obwohl die Gegenwart nach
Meiner Aufmerksamkeit schreit

Ich kann sie deutlich hören
Doch ich sehe sie nicht klar

Die Bilder der Ereignisse
Sind stets und ständig da

Ich nehme meine Decke
Winde sie um mich herum

Und flehe meine Ohren an
Seid ein Moment lang stumm

Die Augen sind geschlossen
Nur der Atem spürbar fließt

Musik   spielt   leis   im   Hintergrund
Und   in   mir   tanzt   das   Biest

Warum   kann   ich   nicht   fühlen
Dass   es   draußen   Frühling   wird

Warum   nicht   kontrollieren
Welch'   Gedanke   in   mir   schwirrt

Warum   kann   es   nicht   aufhören
Immer   wieder   dieser   Schmerz

Ich   will   doch   nur   vergessen
Was   die   Seele   täglich   schwärzt

Ich   möchte   schlichtweg   leben
Möcht   so   gern   nach   vorne   schauen

Die   Traumata   verbannen
Und   auf   neue   Hoffnung   bauen

Die   Kraft   des   Frühlings   spüren
Endlich   aufhören   zu   frieren

Ich   wünscht   ich   könnt   so   Tage
Wie den heutigen blockieren

Die Nähe

Die Nähe meines Mannes
Ist für mich nicht zu ersetzen
Egal, ob alles gut läuft
Oder auch mal fliegen, die Fetzen
Die Wärme, die er ausstrahlt
Tut mir tief im Herzen gut
Die Stärke, die er in sich trägt
Verschafft mir neuen Mut
Die Worte, die er sagt
Erreichen nicht nur meine Ohren
Sie öffnen meine Seele
Welche lange eingefroren
Die Blicke sprechen Bände
Doch sie sind auch voller Leid
Verstehen, was in mir geschieht
Geht oftmals schlicht zu weit
Die Last die er wohl mit sich trägt
Verdankt er schlichtweg mir
Und dennoch wärmt er mich
Wenn ich mal wieder furchtbar frier
er hat es sich nicht ausgesucht
Ein Leben voller Schmerz
Und dennoch steht er zu mir
Und erhellt mein kleines Herz
Ich möchte ihm schier danken
Das er mir zur Seite steht
Und all die schweren Wege
Stets gemeinsam mit mir geht

Die Nähe meines Mannes
Tut mir so unsagbar gut
Für mich nicht wegzudenken
Seine Stärke ist mein Mut

Ein Tag wie jeder andere

Ein Tag wie jeder andere, ich steh am Morgen auf
Als Mutter tu' ich meine Pflicht, der Tag nimmt seinen
Lauf
Mein Kind ist in der Schule und ich frage mich, wohin
Wohin mit meinen Worten, die mir steigen in den Sinn
Ich setze mich aufs Sofa, schalt' den Fernseher vor mir ein
Mein Mann verrichtet seinen Dienst und ich bin hier, allein
Der Kaffeepott in meiner Hand
Im Körbchen schläft mein Hund
Gedanken fahren Achterbahn
In meinem Kopf geht's rund
Ich bin nicht in der Lage, eine Arbeit auszuüben
Und so verlaufen meine Fähigkeiten sich im Trüben
Ich hab so viel zu sagen und
Zu geben, jeden Tag
Schreib still und leis Gedanken auf
Die ich im Herzen trag
Derweil starre ich Löcher in die Luft um mich herum
Der Fernseher, so laut, für meine Ohren bleibt er stumm
So frage ich mich abermals
Kann das schon alles sein
Bin ich nicht viel zu jung
Zum Vegetieren, ganz allein
Das Leben hat mich nicht gefragt, die Dinge sind
geschehen
Ein Tag, wie jeder andere
Gilt schlicht zu überstehen

Ihm gehört mein Herz

Es fühlt sich an als wär ich tot
Der Körper noch zu sehen
Doch meine Seele ist gebrochen
Kann ihn gut verstehen
Die Zeit mit mir ist niemals leicht
Ein unendlicher Kampf

Zu viele Sorgen jeden Tag
Wie aus dem Boden gestampft
Ich hab unendlich viel verloren
Und vegetiere nur
Von einem normalen Leben
Gibt's bei mir kaum eine Spur

Ich kämpfe schon so lang
Gegen die Dämonen in mir an
Ich wünscht', es ginge schneller
Nicht für mich, sondern meinen Mann
Er ist neben unser'm Sohn das Beste
Was mir je geschah

Noch nie fühlt´ ich mich einem Menschen
So verbunden, so nah
Doch was hab ich getan
Für selbstverständlich hielt ich ihn
Dabei weiß ich genau
Dass ich ihn eigentlich nicht verdien'

Ich ließ ihn leiden unter
Meiner scheiß Vergangenheit
Anstatt ihn zu verehren
Ihm zu danken, jederzeit
All das, was er für mich getan
Auf sich genommen hat

Mit Nichten selbstverständlich
Und nun wendet sich das Blatt
Ich droh ihn zu verlieren
Und ich kann's sogar verstehen
Denn niemand möchte freiwillig
So trist durchs Leben gehen

Ich liebe meinen Mann so sehr
Dass ich's nicht mehr ertrag
Ich wünsch' mir nur noch, dass das Glück
Ihn wieder treffen mag
Er hat das schönste Leben verdient
Fernab von Leid und Schmerz

Und ganz egal, was auch passiert
IHM gehört mein Herz

Kampfeswille

Ich kämpfe ohne Unterlass
Woher kommt nur die Kraft
Mit der ich es so weit schon
Und bis hierher hab geschafft
Es ist in mir, es brodelt
Denn ich will Gerechtigkeit
Ich kann nicht überhören
Wonach meine Seele schreit
Ich will und werde tun
Was immer auch von Nöten ist
Ich kämpf nicht nur für mich
Für alle - als Protagonist
Es kostet viele Nerven, schmerzt
Im Herzen mich so sehr
Doch endlich kann ich handeln
Rufe auf, zur Gegenwehr
Lasst uns gemeinsam stark sein
Lasst uns sagen "Nicht mit mir!"
Wir müssen lauter werden
Denn wir sind kein Beutetier
Wer immer uns das angetan
Und uns mit Pein erfüllt
Der soll Gerechtigkeit erfahr'n
Am Pranger, unverhüllt
Ich sprech nicht von Gewalt
Nicht Rache bringt uns das zurück
Was wir schmerzhaft verloren
Als wir wurden unterdrückt

Ich sprech' von offenen Ohren
Von Gerichten, vom Gesetz
Hier können wir uns erleichtern
Von der Last des schweren Gepäcks
Wir dürfen nur nicht aufgeben
Die Hoffnung nicht verlieren
Wir müssen unsere Angst
Mit Mut und Willenskraft dragieren

Keine Antwort

Was habe ich verbrochen
Wie viel kann ich noch ertragen

Ich fühle mich schier ungehört
Mit all den quälenden Fragen

Wie kann ein Mensch so grausam sein
So egozentrisch, kalt

Dass pure Angst in mir ertönt
Als Echo stetig hallt

Was denkt ein Mensch, der anderen
So großes Leid zufügt

Und sei es nicht genug
Sich dann in Unwissenheit wiegt
Was treibt den Menschen an

Der nur den eigenen Willen sieht
Und seine Handlung, ungeachtet

Anderer vollzieht
Warum ist es so schwer

Sich der Gedanken zu befreien
Warum scheint es unmöglich

All das Leid hinauszuschreien
Warum? Es gibt so viele Dinge

Die ich nicht versteh
Bei denen ich mich ständig

Nach den Antworten umseh'
Ist dies das Leben, welches mir

Das Schicksal auferlegt
In dem sich meine Seele stets

Am Abgrund schier bewegt
Ich wage zu bezweifeln

Dass das Schicksal dies entschied
Viel mehr ist es der Bösen

Der Dämonen ihr Gebiet
Ich frage mich, wie lang noch

Hält der Schmerz in mir wohl an
Und wieder eine Frage ohne Antwort
Dann und wann

Erneute Gewalt

Ich war beinahe nie im Stande
Böses abzuwehren
Und so war es recht schwierig
Plötzlich Unrecht zu entbehren

Mein heut'ger Mann erst zeigte mir
Dass Liebe anders geht
Dass man Gewalt und Missbrauch
Unter Liebe nicht versteht

Zuvor ließ ich schlicht alles
Unrecht über mich ergehen
Schier wehrlos und nicht fähig
Es als Übergriff zu sehen

Ich habe viele Jahre existiert
Doch nicht gelebt
Hab mir mein eigenes Netz aus Leid
Und Schmerzen grob gewebt

Vor gut elf Jahren lernte ich
Meinen Mann und Liebe kennen
Für eine lange Zeit konnt' ich
Mein Leben glücklich nennen

Doch einer, dem ich stets vertraut
Und alles hab' erzählt
Hat schier unfassbares getan
Und mich erneut gequält

Er hat, in meinen Augen
All sein Wissen angewandt
Und mich ins alte Leben
Der Gewalt zurück verbannt

Er hat mir etwas angetan
Was ich nur zu gut kenn'
Ich fiel in eine Starre
Die ich nicht mal kann benenn'

Es war wie früher und
Ich konnte mich erneut nicht wehr'n
Er zwang mich in mein altes
Graues Ich zurück zu kehr'n

Er hat die ganze Hoffnung
Die ich in mir trug zerstört
Hat jedes "nein", "hör auf"
Aus meinem Munde überhört

So frage ich mich ernsthaft
Wie können Menschen so was tun
Sich auf der Wehrlosigkeit
Ihres Opfers auszuruhen

Vertrauen auszunutzen
Nur den eigenen Willen sehen
Ich kriege keine Antwort und
Ich werd' es nie verstehen

Therapie

Die Therapien zu denen ich geh
Sind so unsagbar schwer
Sie gehen mit Erinnerung
Und Schmerzen schier einher
So oft frag ich mich
        Wozu setze ich mich all dem aus
Es wär doch leichter, schließ ich
Die Erinnerungen aus
„Zu einfach" spricht mein Herz zu mir
Die Wunden sitzen tief
Ob ausgeblendet oder nicht
Das Leid ist zu massiv
Die Seele mein spricht leis zu mir
Ich wills doch nur verstehen
Und so werd´ ich auch weiter
Zu den Therapien gehen
        Es ist der einzig wahre Weg
Gedanken zu sortieren
Und mich dabei nicht allzu sehr
In Bildern zu verlieren
Allein würd ich's nie schaffen
Würde schlicht zu Grunde gehen
Würd' innerlich zerfallen
Niemand könnte es verstehen
Mit guten Therapeuten hab ich
Wenigstens ein Ziel
Ein wenig freier leben
        Dieser Wunsch ist nicht zu viel

Die Therapien zu denen ich geh

                    Sie sind unsagbar schwer
                    Doch jede Stunde geht mit
                    Wahrer Hilfe stets einher

Das Gemälde

Ich sitz' in meinem Garten
Hör' den vielen Vögeln zu
Die lautstark von den Ästen
springen, himmelwärts im Nu
So fröhlich scheint die Blaumeise
Der Spatz erzählt ihr was
Und währenddessen lenk' ich
Meinen Blick ins grüne Gras
Millionen kleine Tropfen
An den Halmen, funkelnd schön
Sie spiegeln jene Sonne
Die am Horizont zu sehen
Und immer wieder fangen
Meine Augen etwas ein

Was so grazil gewoben von den
Spinnen, stark und klein
Am Feldrand hockt ein Hase
Ruhig und schier bewegungslos
Er scheint dem Wind zu lauschen
Seine Ohren aufrecht, groß
Wie ein Gemälde zeigt sich
Die Natur am heut 'gen Tag
In strahlend bunten Farben
Mit Gestalten jeder Art
Ich fühle mich so einsam
Während ich das Leben seh'
Mit Blick auf das Gemälde
Welchem ich gegenüber steh'
Zu gern wär' ich ein Teil des Trubel
Möcht' dazugehören
Doch ohne dies' Gemälde
Mit Gedanken zu zerstören
Unmöglich schreit mein Herz
Und zeigt mir meine Seele auf
Die viel zu dunkel würde stör'n
den hellen Farbverlauf
So zieh' ich mich zurück
Betrachte all das aus der Fern'
Versuch' aus dem Gemälde
Innere Ruhe zu erlern'

Dank euch

Warum? Das frag ich mich noch heut
Wer gab euch denn das Recht
Mich zu verletzen, wegzuhören
Im leisen Wortgefecht
Ich sagte immer wieder nein
Und bat euch aufzuhören
Doch ihr hattet nur eins im Sinn
Meinen Willen zu zerstören

Ihr seid so unterschiedlich
Und doch hab ich euch vertraut
Wenn ich heut an euch denke
Schüttelt's mich mit Gänsehaut
Ich weiß, ihr seid da draußen
Ohne Reue und Verstand
Ihr könnt nicht mal erahnen
Wohin ihr mich habt verbannt

Mein Leben, voller Angst davor
Dass noch mehr existieren
Noch mehr von eurer Sorte
Die schier großes Leid forcieren
Dank euch brauch ich kein Kino
Wahre Thriller sind in mir
Ganz ohne Eintrittskarten
Und mit eigener Manier

Dank euch entstehen Gedichte
Die aus meinem Leben zehren

Sie bündeln die Gedanken
Die in meinem Kopf verkehren
Dank euch leb ich zurückgezogen
Isoliere mich
Noch einmal blind vertrauen
Werde ich ganz sicher nicht
Dank euch ist meine Welt nicht mehr
Die jene sie mal war

So wunderschön sie sich auch zeigt
Stets lauert die Gefahr
Ich danke euch für gar nichts
Denn ein Danke wär zu viel
Stattdessen wünsche ich euch nur
Ein elendes Exil

Grauer Tag

Denn heut ist wieder mal ein Tag
An dem so gar nichts geht
Wobei ein jedes Vorhaben mit
Der Stimmung fällt und steht
Ich mag mich nicht bewegen
Nicht mal aufstehen und nichts sehen
Ich wünscht, dass solche Tage
Wie im Flug vorüber gehen
Ich fühle mich so leer, in Gänze
Ausgelaugt, kaputt
Ein jeder, der mich sieht erspäht
Den müden Gesichtsausdruck
Ich kann die Augen kaum öffnen
Und die Mundwinkel sind schlaff
Die Falten auf der Stirn waren
So lang schon nicht mehr straff
Gefühlt bin ich heut achtzig
Stark gezeichnet, depressiv
Die Narben meiner Seele sitzen
Ungesehen, so tief
Und so grab ich mich ein, halt Abstand
Zu der Außenwelt
Gut isoliert und eingemauert
Niemand der mich prellt
Vielleicht ist morgen ein besserer Tag
An dem ich wieder bin
Vielleicht wirds morgen heller
Und das Graue zieht dahin

Schockmoment

Ich danke dir von Herzen
Dass du den zu mir gebracht
Mit dem ich nun elf Jahre meines
Lebens schon verbracht
Es war das Beste was du
jemals hast für mich getan
Doch leider hattest du im Geiste
Einen and'ren Plan
Nie hab ich es bemerkt und nein
Nie wollte ich es sehen
Nie hätte ich geglaubt
Du könntest diese Tat begehen
'Das wollte ich schon immer'
Waren deine Worte schier
In Gänze ungeachtet
Was es auslöst, tief in mir
Dabei hast du gewusst, welch Leben
Ich zuvor geführt
Wie viel Gewalt und Missbrauch
Meine Seele hat gespürt
Du wusstest, dass ich nie im Stande
War, es abzuwehren
Dass ich mich stets ergab, den Männern
Und ihrem Begehren
Wie ein schutzloses Häschen
Saß ich vor dir, ahnungslos
Der Wolf in dir griff an und ich
Erstarrte, regungslos

Die Zeiten unserer Freundschaft
Waren für mich auf Schlag vorbei
Doch schlichtweg unbegreiflich
War es dir wohl einerlei
Denn du kamst weiter ohne Scheu
Zu mir, zu uns nach Haus
Ich konnte es kaum fassen und
Nahm jedes Mal Reißaus
Bis ich mein Schweigen brach
Es war schlicht nicht mehr zu ertragen
Ich wollt' dich nicht mehr sehen
Nicht in meiner Nähe haben
Das was du an dem Abend
Ungefragt mit mir gemacht
Hat die Dämonen alter Zeiten
Schier zurückgebracht
Es quält mich jeden Tag und
Jede Nacht, ich sehe dich
Die Tränen purer Wut schmücken
so schmerzhaft mein Gesicht
Du kannst dir gar nicht vorstellen
Wie viel Hass ich heute spür
Ich trag dich ständig bei mir
Wie ein riesiges Geschwür
Der Wunsch, dich zu vergessen
Ist so riesig, unsagbar
Ich wünscht, ich wär dir nie begegnet
du wärst gar nicht da ...

Frühlingsboten

So langsam seh ich Knospen
Kleine Blättchen wachsen grün
Die ersten Frühlingsboten auf
Den Wiesen zaghaft blühen
Die Welt erwacht ganz sanft
In ihren zahlreichen Facetten
Geprägt und sacht gezeichnet
Durch die Hand der Amoretten
Die Vögel werden lauter und
Erzählen uns vom Sein
Sie suhlen sich im stetig wärmer
Werdenden Sonnenschein
So wunderschön, wie neugeboren
Zeigt sich Mutter Natur
Wie aus dem Nichts erstrahlt
Die Welt in ihrer Reinheit pur
Ob grün, ob weiß, ob blau, ob rot
Der Frühling zeigt sich bunt
Die Tage werden länger, werden
Heller, Stund um Stund
Die graue Zeit vorbei, die Menschen
Tummeln sich im Licht
Sie halten fröhlich lächelnd
In die Sonne ihr Gesicht
Ein herrlich frischer Duft mir
Langsam in die Nase steigt
Ich nutze meine Sinne für all' das
Was sich mir zeigt

Schwestern

Wir zwei, wie Pech und Schwefel
Wir sind Schwestern, groß und klein
So unterschiedlich wir auch sind
Im Herzen nie allein
Ich kann dir sagen, Schwesterherz
Wir teilen nicht nur das Blut
Im Geiste stets verbunden tun
Wir uns gegenseitig gut
Du bist so weit entfernt doch
Nur dein Körper ist nicht hier
So trag ich dich im Herzen
Jeden Tag, ganz nah bei mir
Wir sind nicht immer Freunde
Teil 'n nicht jede Meinung, nein
Wir streiten und vertragen uns
So soll es eben sein
Du bist die kleine Schwester
Doch deine Anmut riesengroß
Trägst stets dein gutes Herz auf
Deiner Zunge, mühelos
Ich war nicht immer Vorbild und
Ich werd's nicht immer sein
Doch dies ist nicht von Nöten
Denn Du gehst dein' Weg allein
Kein Wort könnte beschreiben
Wie arg stolz ich auf dich bin
Obgleich, wie schwer das Leben
Siehst in allem einen Sinn

An manchen Tagen planlos
Und an anderen naiv
Nach außen mag dies scheinen
Doch du lebst schier elektiv
Wie oft wär ich gern du, denn
Du hast mir manches voraus
Verlässt dich auf dein Herz und
Schaltest jede Logik aus
Du bist ganz einfach anders
Du wirst niemals sein, wie ich
Du bleibst dir immer treu und
Dafür, Schwester, lieb ich dich!

Wie Aschenputtel

Als wär sie selbst ein Täubchen
Trübt kein Wasser, trotz viel Schmutz
Sucht demütig und voll' Geduld
Ganz unscheinbar nach Schutz
Die Güte ins Gesicht geschrieben
Obgleich von Pech bedeckt
So trägt sie Lohn an jenem Tag
Das Schicksal sich erstreckt
Und wo das Blatt sich wendet und
Das Glück auf ihrer Seit'
Von Rache nichts zu spüren
Lebt sie dankbar und befreit

Als steckt in ihr der Teufel
So viel Böses strahlt sie aus
Der Anmut Ihrer selbst wächst
Stetig über sie hinaus
Die anderen stets nichtens
Schlichtweg wertlos, ohne Würd'
Darum sie Ihnen Unglück und
Verachtung schier aufbürd'
Doch Karma und auch Schicksal
Suchen ihresgleichen auf
Sie lassen Strafe walten und
Gerechtigkeit zieht auf

So stehen Gut und Bös Nicht nur
Im Märchen Seit an Seit
Denn auch das wahre Leben
Hält so viel davon bereit
Was zählt - allein das Ende
Gutes siegt und Böses geht

Vom Wind des Schicksals leise
Doch gerecht hinfort geweht

Überwinden

Ich will es überwinden doch
Es ist ein langer Weg

Mit riesengroßen Steinen
Kaum zu stemmen, ich begeb'

Mich auf die weite Reise
Richtung Zukunft, frei von Leid

Das Ziel noch nicht zu sehen
Doch wird's kommen, seinerzeit

Der Schmerz, den ich schier spüre
Dieser Schmerz im Herzen tief

Ich war mit ihm alleine
Bis ich laut um Hilfe rief

Nun geh ich in Begleitung
Hief' die Steine an die Seit'

So manchen schon gestemmt
Den Weg von seiner Last befreit

Ich bin schon weit gekommen
Doch viel weiter muss ich gehen

Mit Kraft gegen all die Stürme
Welche mir entgegen wehen

Dort wo ich mich befinde,
Herrscht ein Unwetter, so stark

Dass ich zum Teil gelähmt und
Schlicht nicht weiter gehen mag

Die Anstrengungen schaffen mich
Das Ziel längst nicht in Sicht

Vergieße Tränen ungesehen
Erschöpfung im Gesicht

Doch aufzugeben kommt mir
Nie und nimmer in den Sinn
Ich kämpfe für mein Leben
Auf ein besseres drauf hin

Ich werd es überwinden
Eines Tages bin ich frei
Die Bilder und Gedanken
In der Zukunft einerlei

Sprüche

So viele schlaue Sprüche stehen
Geschrieben überall
Im Internet, an Hauswänden
Sogar an Städten Wall
Vergib, verzeih, vertrau auf Karma
Alles kehrt zurück
Zu denen, welche Tränen brachten
Dir in deinen Blick
Bleib ruhig und warte einfach ab
Die Zeit, sie regelt's schon
Gerechte Strafe kommt allein
Sie wird der Täter Lohn
Begib dich nicht auf sein Niveau
Steh über ihm, sei stark
Die Wahrheit kommt ans Licht obgleich
Wie sehr er sie verbarg
Solch Sprüche les' ich ständig
Doch im Herzen frag ich mich
Wer soll denn bitte sprechen
Wer soll's sagen, wenn nicht ich
Und wer bitte ist Karma, wer
Ist Schicksal, wer befreit
Die Seele mein, die in mir
Gar zerstört um Hilfe schreit
Die Sprüche, die ich lese
Gut gemeint, doch nicht real
Denn niemand, auch nicht Karma
Nimmt hinfort die elend' Qual

Es ist allein mein Leben und
Nur ich entscheid', wie's wird
So Pack ich den Gedanken der
In meinem Kopfe schwirrt
Ich sprech ihn aus und wehre mich
Nehm's selber in die Hand
Und geh den Weg dorthin
Wo die Gesetze angewandt
Ich kann nicht länger schweigen
Schmerzhaft ist es ohnehin
Ein jeder Kampf wird enden
Bringt mit sich den Neubeginn

Schmerz

Der Unfall mit dem Auto ist schon viele Jahre her
Mein Rücken, der kaputtgegangen, schmerzt noch immer
sehr
Seit langem nehm ich wirklich
Starke Schmerzmittel zu mir
Sie lindern, doch befreien nicht
Kein Zauberelexier
Mit Schmerzschrittmachern an der Wirbelsäule implantiert
War meine größte Hoffnung, dass der Schmerz sich rasch
verliert

Der Generator, vorn im Bauch
Mit blindem Aug' zu sehen
Wird täglich aufgeladen
Ohne dem würd es nicht gehen
Doch leider hat auch dieser Eingriff nicht, wie ich gehofft
Die Schmerzfreiheit zurückgebracht und so frag ich mich
oft
Was bringen mir die Schrauben
Stangen, Elektroden schier
Wenn dennoch jeden Tag der Schmerz
Zu wohnen scheint in mir

Ich möcht so manches Mal die Seele meiner schlicht
befreien
Und lieber in 'nem anderen, gesunden Körper sein

Da spricht zu mir die Seele

„Auch ich bin zutiefst zerstört
Ich bleib in diesem Körper, der
Mit Schmerz zu mir gehört"

Irreale Träume

Und wieder habe ich geträumt
Ich kann es nicht erklär'n
Die Bilder, die ich sah, sie sind
Der Realität fern
Momente, Menschen, lange her
Und alles kam zusammen
In Wirklichkeit unmöglich, nicht
Der selben Zeit entsprangen
Im Traum jedoch, so viele gute
Menschen tummeln sich
Bis plötzlich dieser eine schaut
Mir schuldvoll ins Gesicht
"Verschwinde, geh, verdirb mir nicht
Den wunderschönen Traum
Dass du dich hast hierher gewagt
Kann ich wohl glauben kaum"
Da stiegen dir die Tränen
Unvermittelt ins Gesicht
In Wahrheit nie passiert, denn Reue
Nein, die kennst du nicht
Im Traum jedoch gingst du hinfort
Und warst ab hier allein
Da stellte sich in mir ein Funke
Mitleid für dich ein
Der Tag, er war hinüber, ich
Konnt' Schönes nicht mehr spüren
Obgleich ich mich bemühte
War dabei, mich zu verlieren

Da wachte ich aus meinem Traum
Und schlug die Augen auf
Ich kenne diese Träume, denn
Ich habe sie zuhauf
Vom wahren Leben weit entfernt
Und doch steckt Wahrheit drinnen
Denn seit er es getan hat, bin ich
Oftmals wie von Sinnen
Er hat so viel genommen, so viel
Gutes, so viel Freud
Und hat mir dagelassen, so viel
Böses, so viel Leid
Die Träume sollen aufhör'n
Will ihn einfach nicht mehr sehen
So bet' ich jede Nacht, die träume
Mögen rasch vergehen

Aphonie

Ich machte einen großen Schritt
Nach vorn, ich wehrte mich
Nach Jahren der Verdrängung
Länger schweigen konnt ich nicht
Ich hoffte auf Gerechtigkeit
Sah dies als besten Weg
Den Umgang zu erlernen
Mit dem Trauma, hab gefleht
Dass jemand mich erhört
Den Schmerz in meiner Seele sieht
Und mittels der Gesetze dieses
Unrecht schier besiegt
In meinem Fall, so sagte man
Ist's leider "kompliziert"
Obwohl der Tatbestand als solcher
Schlüssig scheint, fundiert
Gesetze gelten überall
Doch nicht zu jeder Zeit
Was heute strafbar wäre galt
Zuvor als Nichtigkeit
Doch ich lass' mich nicht blenden
Von der rein' Bürokratie
Ich werde nicht zurückkehr'n
In die alte Aphonie
Ich hebe meine Stimme an
Und schreie es hinaus
Die Hoffnung wird mich tragen
Immer weiter, geradeaus

Gegenwehr

Ich bin nicht nur ein Opfer, nein
Ich bin 'ne starke Frau
Und was ich will, und auch was nicht
Das weiß ich ganz genau
Ich nehme euch die Kraft, mein Leben
komplett zu bestimmen
Ich werde all die Bilder und
Gedanken schier bezwingen
Egal, wie viel es kosten mag
An Nerven oder Kraft
Ich halt mich fest, an allem
Was ich habe schon geschafft
Ich bin wie eine Löwin
Gehe lautstark auf die Jagd
Verfolge die Dämonen die mich
Viel zu lang geplagt
Ich werde sie erlegen
Wenn auch nicht ganz wortgetreu
Ich nehme ihnen die Macht
Erfinde mich, mein Leben neu
Sie sind wie die Hyänen
Werden ins Schattenland verbannt
Und sollten Sie sich nähern
Hebe ich bewusst die Hand
Verschwindet! Haltet ein! Lasst ab
Von meiner kleinen Welt!
Ich lass nicht zu, dass diese
Nur durch euer Sein zerfällt

Leere

Die Leere in mir macht mich krank
Ich frag mich, wer ich bin

          Wozu die ganzen Qualen und
           Wo bringen sie mich hin

Ich spür den schnellen Puls in mir
Den Atem, wie er fließt

          Die Wärme jener Träne die
           Sich über mich ergießt

Die Ohren sind betäubt, die
Augen tragen Schleier, grau

          Der Mund, wie zugenäht, der Magen
           Dreht sich, mulmig, flau

Gedanken kommen und gehen
Sie ordnen kann ich leider nicht

          Versuche sie zu greifen,
           aufzuschreiben als Gedicht

So oft sitz ich hier draußen
Ganz allein auf kaltem Stein

          Ich lausche der Natur und wünscht
           Es würde anders sein

Die Sonne steht am Horizont
Und läutet ein den Tag

          Manch anderer mag sich freuen
           Doch ich fürchte mich so arg

Was wird die Leere bringen
Wozu ist der Schwindel da

          Der Tag wird immer heller doch
           Ich bin dem Dunkeln nah

Zu gern möcht ich mich freuen
Möchte lachen, fröhlich, frei

Doch diese graue Leere ist
Noch lange nicht vorbei

Ich reiße mich zusammen denk
Dabei an meinen Sohn

Ich werd die Krise meistern
Wie zuvor so viele schon

Du bist…

Du bist nicht, wer du sein willst, du
Bist anders, du bist nur
Ein Abbild der Vergangenheit
Der Spiegel dessen pur

Du sagst nicht, was du denkst und du

Denkst nicht im hier und jetzt
Und deine Augen sind so leer
Dein Lächeln aufgesetzt
Du siehst dich um und weißt genau
Nichts ist mehr, wie es war
Dein Leben, wie im Käfig, dich
Umgibt stets die Gefahr
Die Menschen, die dich sehen
Können's einfach nicht verstehen
Sie mussten- Gott bewahre-
Nicht in deinen Schuhen gehen

Nein, niemand kann es spüren, kann

Es fühlen, so wie du
Der Schmerz in deiner Seele lässt
Dir einfach keine Ruh
Du bist so stark, du lebst, doch
All das kostet so viel Kraft
So oft dem Abgrund nah und dennoch
Bis hierher geschafft

Das Blut in deinen Adern fließt
Und pocht und pulsiert laut
Genauso wie die Wut anscheinend
Niemals ganz abflaut

Doch wer nun glaubt, du gibst dich auf

Der kennt dich eben nicht
Und so blickst du auch weiter
Deinem Leben ins Gesicht
Was immer es noch kosten mag
An Kraft, an Schmerz, an Leid
Du kämpfst mit allen Mächten
Bist zum Aufgeben nicht bereit
Denn eines Tages wird ein jeder
Sehen was geschah

Die Wahrheit, sie wird sprechen
Sie wird richten, offenbar

An meine wahren Freunde

Ich hab' in meinem Leben
Viele Menschen kennengelernt
Doch von den meisten hab' ich mich
Letztendlich doch entfernt
Die wenigen, die ich heut' wirklich
Freunde nennen mag
Sie können sicher sein, dass ich
Sie tief im Herzen trag
Ich bin mir wohl bewusst, es ist
Nicht leicht, mein Freund zu sein
Denn ich und auch mein Leben
Wahren oftmals einen Schein
Die Gründe hierfür sind komplex
Und nicht leicht zu verstehen
Ich lass nicht jeden in die Tiefen
Meiner Seele sehen
Darum sag' ich euch DANKE
fürs Vertrauen und die Geduld
Mit euch werd' ich es schaffen, denn
Ihr seid mein Katapult
Ihr scheint wie eine Sonne, die
Den dunklen Tag erhellt
Seid immer für mich da, sobald
Mein Puls nach oben schnellt
Ich bin unendlich stolz und nein
Ich geb' euch nie mehr her
Ich möcht' euch nie mehr missen
Dafür lieb' ich euch zu sehr

Frau Christensen

Vor einem Jahr betrat ich
Ihre Praxis, scheu und klein
Ich dachte, diese Therapie
Könnt' nie was für mich sein

Die Ruhe und Gelassenheit
Die ich in Ihnen sah
So ungewohnt und völlig neu
Für mich schier ungreifbar

Es ist schwer zu beschreiben, doch
Sie haben es geschafft
Geduldig und so einfühlsam
Mit unbändiger Kraft

Sie drangen zu mir vor und blickten
Mir ins kranke Herz
Und so konnten Sie sehen
All das Leid und all den Schmerz

Dass ich mich offenbare, kommt
Weiß Gott sehr selten vor
Doch Sie hatten den Schlüssel
Passend für mein Seelentor

Bei Ihnen kann ich sein, muss nichts
Vertuschen, nichts maskieren
Bei Ihnen bin ich sicher, kann
Den Schritt nach vorn riskieren

Ich kann nur ernsthaft hoffen
Dass Sie wissen, was Sie tun
Dass Stolz und Anerkennung tief
In Ihrer Mitte ruh'n

Für mich sind Sie weit mehr, als
Meine Therapeutin schier
Sie sind ein wahrer Mentor
Schenken Mut und Hoffnung mir

Nein, ohne Sie wär' ich nicht, wo
Ich heut' zu sein vermag
Ich danke Ihnen jetzt und
In der Zukunft - jeden Tag!

Geht fort

Ich möchte heute niemanden sehen
Will allen aus dem Wege gehen
Ich möcht für mich alleine sein
Und würd so gerne endlos wein'
Will mich im Boden tief vergraben
Und mich an der Stille laben
Kein Wort hören meine Ohren
Hab mich in mir selbst verloren

Finde keinen Weg hinaus
Schalte alle Sinne aus
Wo eben noch die Sonne schien
Haben Bilder Dunkelheit verliehen
Der Blick ist leer, mein Mund bleibt still
Nichts hören, nichts sehen, ist was ich will
Nur grau und kalt der Tag sich zeigt
Und einfach nicht dem Ende neigt
Wo Regentropfen prasseln nieder
Vögel singen keine Lieder

Wolken hängen tief hinab
Und halten mein Gemüt auf Trab
So will ich nur noch schlafen gehen
Doch in den Träumen muss ich sehen
Was jeden Tag ins Dunkel hüllt
Und meine Seel mit Schmerzen füllt
So weiß ich wieder nicht wohin
Mit den Gedanken und den Sinnen
Die mich zu jeder Tageszeit
Schier quälen, ich bin nicht bereit
Mein Leben derart zu verbringen
Möchte lachen, weinen, singen
Wünsche mir doch gar nichts weiter
Als zu leben, froh und heiter
Wie ich's seh bei anderen
Die Hoffnung trägt mich sacht dorthin
Denn ewig werde ich nicht leiden
Werde mich dem Schicksal beugen
Welches die Familie bringt
Und mir das Lied von Glücke singt

Betäubt

Wie könnte ich betäuben die
Dämonen schwarz in mir

Die jeden funken Licht
zerstörend haben im Visier

Wie soll ich bitte kämpfen
Wenn die Gegner Geister sind

Für mich doch nicht zu greifen
Kreisen ständig und geschwind

In meinem Kopf herum und
lassen Bilder auferstehen

Die ich so sehr verachte nicht
Ein einz'ges Mal möcht' sehen

Wie soll ich dagegen ankommen
Fühle mich schlichtweg verflucht

Von jenen bösen Menschen
Die die Seele heimgesucht

Die mich so arg verletzt und
Hilflos dort gelassen haben

Die　　　ungefragt　　　mein　　　Körper　　　nahmen
Um sich dran zu laben

Wie　　　soll　　　ich　　　denn　　　vergessen
Wie kann ich jemals verzeihen

Wenn　　　täglich　　　die　　　Gedanken　　　mir
Erinnerungen verleihen

Ich　　　würd　　　so　　　gern　　　betäuben
Meinen Kopf und jeden Sinn

Mich　　　einfach　　　nur　　　dem　　　Leben
Welches da ist geben hin

So　　　wunderschön　　　im　　　Außen
So verachtend tief in mir

Die　　　Seele　　　ist　　　gebrochen
Heilt zu langsam, mühevoll schier

Du musst – frei sein

Die Angst verbreitet sich in mir
Mit jedem Tropfen Blut
Als Angstschweiß fließt sie durch
Die Adern, mit ihr steigt die Wut

Wo bist du, warum seh ich dich
Obwohl hier niemand ist
Die Augen sehen Schatten, wie
Des Körpers schwarz Gerüst

Ich möchte flieh 'n, weiß nicht wohin
Denn hier bin ich zu Haus
Ich schließe Türen und Fenster zu
Die Lichter alle aus

Die Decke bis zur Nase, keinen
Laut geb ich von mir
Obgleich du gar nicht da bist
Mein Kopf sagt, du bist stets hier

Noch immer rast der Puls, mein Herz
Schlägt kräftig gegen die Brust
Ich atme ganz tief ein und sag
Mir selber - hey du musst

Die Angst in dir besiegen, und
Das Schöne wieder sehen
Die Bilder und Gedanken werden
Eines Tags vergehen

Du musst dein Herz beruhigen
Was dort fließt, ist reines Blut
Kein Angstschweiß wird dies ändern
Und auch sicher keine Wut

Du musst die Augen öffnen, du
Musst sehen was geschieht
Und dass in Wahrheit nur dein
Inneres Auge all das sieht

Es sind schier die Erinnerungen
Es ist längst vorbei
Du musst dies NUR begreifen
Und sieh da, schon bist du frei

Für euch

Ich sehe die Familie, meinen Sohn
Und meinen Mann
Die mir so vieles geben, wie es
Niemand sonst wohl kann
Sie glauben an die Hoffnung
An die Liebe und das Sein
Mit ihrer ruhigen Art ziehen sie
Mich in den Bann hinein
Sie schenken mir an jedem Tag
Ihr schönstes Lächeln pur
Und geben mir die Kraft, die ich
Zum Leben brauch', die Uhr
Soll stehen bleiben, sich nicht dreh'n
Ich will verharren hier
Die beiden in die Arme nehmen
Und genießen schier
Was mir das Schicksal hat gebracht
Welch' großes, wahres Glück
Sie sind für mich der Sinn des Lebens
Jeden Augenblick
Was ich für sie empfinde ist
In Worten nicht zu nennen
Ich werd' mich bis ans Lebensende
Zu ihnen bekennen
Der einzig' wahre Grund für mich
Zu kämpfen, sind die zwei
Und ich weiß, eines Tages sind
Die Kämpfe mal vorbei

Für euch und für die Liebe
Die ihr mir entgegen bringt
Ist jeder meiner Atemzüge
Dankbar stets bestimmt

Zum Schutz der Welt

Ich liebe die Sonne, ich geh' mit dem Wind
Ich fühle die Wolken , sie ziehen geschwind

Am Himmel hoch oben, wohin es sie treibt
Nicht immer darunter es trocken bleibt

Wo Regen den Boden, die Erde sanft küsst
Kommt alles zusammen, was unbändig ist

Vereint sind die Welten, am Horizont fern
Wo tags strahlt die Sonne, am Abend der Stern

Es ist nicht zu trennen, es ist alles eins
Die Grundlage bildend, des Lebens, des Seins

Unterschätzt doch gebilligt wird Mutter Natur
Als schlichtweg gegeben, die Schönheiten pur

Die Wolken, der Wind und die Sonne, der Mond
Nicht ein Lebewesen über ihnen thront

Wir sind schlichtweg winzig, geduldet auf Zeit
Respektlos und blind unser Dasein sich zeigt

Wann woll'n wir erwachen, wann werden wir sehen
Wann lernen wir endlich, in Demut zu gehen

Mit offenen Augen, zum Schutze der Welt
In ewiger Dankbarkeit - das ist was zählt

Nebel

Ich kann die Feuchtigkeit heut Morgen
Auf der Haut sanft spüren
Es ist, als würden die Wolken oben
Ihren Halt verlieren

So tief sie hängen, überm Boden
Mystisch, grau und Weiß
Die Vögel nicht zu sehen, doch
Ich höre sie ganz leis

Der Nebel hüllt die Erde ein
Verschleiert meinen Blick
Und findet sich hier wieder
In der meinen Poetik

Die Wiesen und die Blumen
Tragen Tropfen, wunderschön
Ich kann sie, dank des Tageslichts
Ganz sachte funkeln sehen

Und zaghaft steigt der Nebel
Richtung Himmel auf, schaut hin
Die Wolken, welche eben noch
Tief hingen, ziehen dahin
                    Welch Wunder die Natur vollbringt
So einzigartig, schön
Wir sollten doch viel öfter hin
Mit offenen Augen sehen

Abwesend

Ich kann nicht mehr, ich bin kaputt
Fühl mich so ausgelaugt
Die Anzeige, Ermittlungen
Haben mir die Kraft geraubt
Da ist nichts mehr, was mich berührt
Ich fühle mich so leer
Bin ich am Leben, oder tot
Ich weiß es grad nicht mehr
Die Augen sind geschlossen
Hör die Vögel fröhlich singen
In meinen Ohren viel zu laut
Und durcheinander klingen

Die Sonne strahlt mir ins Gesicht
Ich kann die Wärme spüren
Doch nicht einmal das kleinste
Wohlgefühl scheint sich zu rühr'n
Bewegungslos und kalt hock ich
Allein an meinem Haus
Und frage mich, sieht so das Leben
Nach dem Tode aus
Wie lang ich noch hier sitze und
Wie viel Zeit schon vergangen
Ich hab schlicht keine Ahnung und
Auch keinerlei Verlangen

Aufzustehen, mich aufzuraffen
Frage mich wozu
Gesellschaft brauch ich keine
Besser lässt man mich in Ruh
Gedanklich tief versunken längst
Nicht mehr in dieser Welt
Befind mich irgendwo anders
Wo es meinem Kopf gefällt
Lass treiben die Gedanken
Lass sie schwirren tief in mir
Erst wenn die Augen offen
Bin ich wieder jetzt und hier

In Gänze gleich

Am Ende sind wir alle gleich
Egal, ob groß, ob klein
Ob schwarz, ob weiß, ob dick, ob dünn
Es werden nur Knochen sein
Und auch, ob jemand krank war
In der Seele, oder nicht
Am Ende scheint für jeden wohl
Dasselbe helle Licht
So spielt's doch keine Rolle
Wie verschieden wir auch sind
Wir sollten uns besinnen
Einander sehen, wie ein Kind
Mit Neugier und Gelassenheit
Kein Vorurteil in Sicht
Ein Kind möchte nur spielen
Gleich, mit welchem Angesicht
Ihm geht es um die Freundschaft
Um das Urvertrauen pur
Egal, ob du wie alle bist
Oder ganz neben der Spur
Nun sind wir heut' erwachsen
Haben das Kindliche verloren
Die Menschen des Vertrauens
Wurden mit Sorgfalt auserkoren
Und allem, was uns fremd scheint
Gehen wir leise aus dem Weg
Was unserer Meinung nicht normal
Wird aus dem Leben gefegt

So bleiben viele einsam, gleich
Aus welch' absurdem Grund
Der eine definiert "normal"
Der andere hält den Mund
Dabei sind wir am Ende und
In Gänze alle gleich
Wir werden's erst begreifen
Eines Tags im Himmelreich

Routinierter Kampf

In siebenunddreißig Jahren
Hab ich zwanzig nur gekämpft
Man könnte meinen, die Seele
Sei durch all das abgedämpft
Dass Kampf um Recht und Freiheit
Zur Routine sich entpuppt
Und man aus der Gewohnheit
All die Schwierigkeiten wuppt
Dass Stärke sich als treuester
Wegbegleiter zeigen mag
Und Willenskraft stets wachsen
Möge, seit dem ersten Tag
Ein Kämpferherz gibt niemals auf
Es kann nicht ohne dem
Es windet sich von einem in
Das andere Extrem
Doch eines lasst euch sagen
Hier ist nichts, so wie es scheint
Denn ich weiß, dass die Seele
Jeden Tag aufs Neue weint

Seit zwanzig Jahren kämpf ich
Um Gerechtigkeit an sich
Die Spuren jedes Kampfes,
Unverhüllt, sie zeichnen mich
Sie zeichnen eine Frau, die oft
Am Abgrund steht und fragt
Warum das Schicksal immer wieder
Sie so furchtbar plagt
Die Seite der verletzen Frau
Sie wird nicht oft gezeigt
Bleibt gut verschlossen, bis sich
All das mal dem Ende neigt
Bis dahin kämpft sie routiniert
Und zeigt nicht, wie es ist
Wenn man das ganz normale
Leben jederzeit vermisst

Danke MaPa

Ihr habt mich auf die Welt gebracht
Habt mir das Leben geschenkt
Ich war ein Wunschkind, jederzeit
Spürbar, uneingeschränkt
Als Kleinkind schon erkrankte ich
An Meningitis schwer
Doch Dank enormer Fürsorge
Verlief sie ephemer
Kaum durchgestanden war das Leben
Daraufhin perfekt
Und durch mein kleines Schwesterherz
War'n wir dann auch komplett
Wir schwammen nie im Reichtum
Und es war nicht immer leicht
Doch Dank euch lebten wir gefühlt
In einem Königreich
Wir Kinder hatten alles, was ein
Kinderherz begehrt
So habt ihr uns fantastische
Erinnerungen beschert
Nur leider hat das Schicksal
Eines Tages sich gedreht
Die Unbeschwertheit meiner
Kindheit wurde fortgeweht
Obgleich es fortan schwer wurd'
Schier nichts mehr wie vorher war
Obwohl ihr überfordert
Ward ihr stets in Gänze da!

Mein Weg war nun ein anderer
Und meist nicht, wie geplant
Es haben sich schier weitere
Schicksalsschläge angebahnt
Ich nahm Reißaus, ging in die Welt
Und wollt vor all dem fliehen
Ihr habt mich stets verstanden
Darum ließet ihr mich ziehen
Knapp zwanzig Jahre zogen ins Land
Gespickt von Freud und Leid
Nur räumlich waren wir getrennt
Die Seelen stets vereint
Bis ihr die Heimat hinter euch
Gelassen habt, wie ich
Ein Enkelkind ward euch beschert
Das pure Glück in sich
Und auch, wenn es nicht leichter wurd'
Die Kämpfe dauern an
Steht ihr an meiner Seite, stark
Und liebend, dann und wann
Ich bin so stolz und glücklich
Dass ihr meine Eltern seid
Dass wir zusammen leben unter
Einem Dach vereint
Ich bin unendlich dankbar und
Ich liebe euch so sehr
Familie - Unser höchstes Gut
Für immer, seit jeher!

Einsamkeit

Die Einsamkeit, die mich umgibt
Erdrückt mich immer mehr
Als gäb es keinen Raum für mich
Und wenn, dann ist er leer
Die Worte, die ich sagen möcht
Sie bleiben ungesagt
Sie schwirren mir im Kopfe
Sind beständig, unverzagt
Ich möcht euch nicht belasten
Mit den Dingen, die mich quälen
Ein niemand würde dieses Leben
Eigenständig wählen
Ich fühle mich verbittert
Leb den Tag in Depression
Nur grau sind die Gedanken und
Mit ihnen die Emotionen
Ich grab mich immer tiefer
In den Boden, in das Loch
In welchem ich so oft schon
Still und leise mich verkroch
Ich red mir ein, zum Schutze
Vor mir selbst und alle dem
Was mich an das erinnert
Was mir schmerzlich ist geschehen
"Ein Trugschluss", weiß mein Herz
Denn ich schließ jene damit aus
Die ich unendlich liebe
Die mir helfen könnten, raus
Hinaus aus meinem Loch und hin

Zum wundervollen Sein
Zur unbändigen Freiheit
Und gefühltem Sonnenschein
Doch kaum daran gedacht fühl
Ich mich innerlich nur schlecht
Ich würd nur übertragen, diesen
Kampf, dieses Gefecht
Ich möcht sie nicht belasten
Diese Menschen, die ich lieb
So bleib ich in der Einsamkeit
Die täglich mich umgibt
Ich leide vor mich hin und
Wage nicht zu jammern- nein
Ich nehme die Gedanken und
Sortiere sie als Reim
Hier hilft sie mir, die Einsamkeit
Denn so bin ich bei mir
Auch wenn es unerträglich scheint
Verarbeite ich schier
Und irgendwann, das weiß ich
Wird es besser, ganz gewiss
Ich werde darum kämpfen
Mit der Hoffnung starkem Biss

So vieles…

Du hast in deinem Leben
Schon so vieles durchgemacht
Momente, an die du niemals
Im Traume hätt'st gedacht
          So viel hat's dich gekostet
So viel Nerven, so viel Kraft
Nun sieh zurück und schau
Was du in Gänze hast geschafft
Ein jeder trägt sein Päckchen
Und egal, ob groß, ob klein
Die Stärke, es zu tragen sollte
Purer Stolz wohl sein
Der Mensch ist nicht geschaffen
Um "nur" froh zu existieren
Denn ohne Schwierigkeiten
Würd' das Gute sich verlieren
Du bist im Stande, jede Hürde
Die noch kommt, zu nehm'
Und kannst danach, wie heute
          Stolz ins Gestern zurückseh'n
So viele schwere Tage es
Im Leben geben mag
So viele Herzmomente kannst
Du fühlen, jeden Tag
Halt' fest die schönen Momente
Tanke Zuversicht und Kraft
Vergiss niemals: so vieles
Hast du hinter dich gebracht

Zusatz
Horror Show

If there is still a time in rest
My soul keeps crying out
Thoughts still ride a roller coaster
In my head it's loud
The demons are just always there
I can not fend them off
The tears speak softly, full of pain
My heart screams its enough
I want to forget all the things
What happened in the past
My life is racing front of me
It's running just too fast
The memories always torment me
The pictures are inside
They pierced me throught on every day
Destroy my inner pride
Whether I will be better in
The future, I don't know
To this day on I close my eyes
Enjoy the horror Show